Se trouve au bureau de *la Révolution démocratique et sociale,*
Rue Damiette, 1.

STATUTS
DE LA SOCIÉTÉ GÉNÉRALE D'ECHANGE,

F. MAZEL ET COMP.

L'épargne tue ; —
L'échange vivifie.

Déclaration.

Aujourd'hui que la raison publique s'occupe sérieusement d'étudier les moyens de progrès, et que les systèmes d'échange paraissent devoir être mis en pratique sur une base large et dans des conditions favorables, il ne m'est plus permis de garder le silence.

Premier fondateur de la théorie de l'échange, — dès 1820 j'entrepris d'en réaliser les bienfaits dans mon pays, par une société dont les ramifications s'étendirent en moins de six mois par delà nos frontières, et qui obtint des résultats merveilleux, au point de vue d'une entreprise commerciale. — Mais la génération n'était point mûre ; — la France, qui commande la marche humanitaire, ne se trouvait point elle-même assez préparée, et s'orientait mal encore, ne reconnaissant point à l'horizon la vérité trop éclatante. — J'interrompis mon œuvre, pour attendre, — plutôt que de ne pas donner à mon idée toute l'étendue et tous les développements qu'elle comporte, — je dirai plus, — qu'elle exige de par les lois de la logique et de l'entraînement.

Nous avons bien marché depuis ; — tout annonce que l'heure est venue. — Premier champion de l'échange, son drapeau qu'on relève m'appelle au champ de la pratique ; — m'y voici !

Plus confiant que jamais dans les destinées de mon œuvre, je convoque autour de moi tous les apôtres de l'idée, tous les soldats de l'avenir, — et quel homme de peu de foi oserait avouer qu'il n'est pas de ceux-là ? —

Je proclame l'échange, idée de vérité. — Or, la vérité est une ; — il n'en faut pas fausser les caractères dans l'application.

Que les entreprises diverses se fondent pour établir l'échange intégralement et dans toute sa pureté ; — l'idée glorieuse, avec plus d'adorateurs, sera plus rayonnante !

Quant à moi ; je devais à l'honneur de toute ma vie, à la foi vive de ma raison de poursuivre — aujourd'hui qu'elle a chance de succès — la réalisation de cette idée, telle que je l'ai d'abord posée.

Je ne demande ni foi aveugle, ni confiance facile ; — CONSCIENCE et RAISON, voilà ce que j'ai droit de réclamer de mes premiers adhérents pour leur faire lire dans mes principes la nécessité de mon succès. — Pour les autres, ensuite, le succès sera prouvé par le succès lui-même.

D'ailleurs, placé dans les conditions choisies de l'entreprise commerciale la plus solide, j'offre toute garantie et ne présente aucun péril.

Soulagement immédiat et salut prochain, — voilà quel doit être pour tous le fruit de la SOCIÉTÉ GÉNÉRALE D'ÉCHANGE, — que je fonde pour répondre aux précédents de ma longue carrière, toute dévouée à la même idée d'ordre réel et de liberté parfaite.

FULCRAND MAZEL,

Paris, le 25 mars 1849.

TITRE PREMIER.

FORMATION. — OBJET. — SIÉGE. — DURÉE DE LA SOCIÉTÉ.

Art 1er. — Une société de commerce est formée entre M. Fulcrand Mazel, de Lodève, d'une part, et tous ceux qui adhèreront aux présents statuts, d'autre part, sous le nom de *Société générale d'échange.*

Art. 2. — L'objet de la société est d'organiser intégralement l'échange de services, travaux, produits et valeurs de toute nature, par la mutualité de la commande.

Art. 3. — La société est en commandite et par actions. M. Mazel, créateur du système de l'échange appliqué dès l'année 1830, est seul gérant responsable avec le titre de directeur général.

Les autres membres de la société se divisent en deux classes, savoir :

1° Les actionnaires ;

2° Les simples échangistes.

Les actionnaires sont tenus de livrer, contre des actions de la société, leurs capitaux, services, travaux, produits ou marchandises à l'ordre de la société, conformément à leur souscription. Ils sont intéressés aux bénéfices en proportion de leur souscription, et aux pertes en proportions aussi, mais seulement jusqu'à concurrence de cette même souscription.

Les simples échangistes sont tenus de livrer contre des *bons d'échange* leurs services, travaux, produits ou marchandises, jusqu'à concurrence du montant de l'engagement d'échange par eux contracté.

La société n'agit qu'en qualité d'intermédiaire entre les échangistes. Son capital est constitué pour remplir, autant que possible, les lacunes que certaines professions ou produits absents de l'échange, pourraient présenter.

Art. 4. — La raison sociale est : F. MAZEL et Cie. — M. Mazel a seul la signature sociale. Il ne pourra s'en servir que pour les affaires de la société, et conformément au présent acte.

Art. 5. — La société a son siége à Paris, et provisoirement rue Rambuteau, 17.

Des bureaux-succursales seront établis dans les différents quartiers de Paris, et dans les départements et à l'étranger, au fur et à mesure que l'utilité en sera reconnue.

Art. 6. — La société est fondée pour quatre-vingt-dix-neuf ans, à partir du jour de sa constitution. Elle pourra être prorogée.

TITRE II.

FONDS SOCIAL. — APPORT DU GÉRANT. — ACTIONS.
— CONSTITUTION.

Art. 7. — M. Mazel apporte à la société le système d'échange qu'il a conçu et perfectionné, et dont il a fait le but constant de ses études industrielles depuis 1818 ; ensemble les procédés d'application et de comptabilité de l'une première mise en œuvre a démontré les avantages depuis 1829 jusqu'en 1832.

Art. 8 — Le fonds social est provisoirement fixé à deux millions de francs réalisables en toutes valeurs librement acceptées par le gérant.

Chaque nouveau département, dans lequel sera organisé l'échange conformément aux présents statuts, formera un capital d'un million de francs.

Les rapports entre l'établissement central de Paris et ceux des départements seront l'objet d'un règlement particulier.

Art. 9 — Pour le département de la Seine, le capital est divisé en quatre vingts séries de 25,000 fr. chacune. Chaque série se compose de deux cent cinquante actions de cent francs payables par dixièmes en argent, services, travaux, produits ou marchandises, de mois en mois.

Aussitôt que les deux premières séries seront souscrites, la société sera définitivement constituée par acte public, et les opérations commenceront.

Le fonds social pourra être augmenté avec l'approbation de l'assemblée générale, à la majorité des deux tiers des membres présents.

Art. 10. — Il y a trois natures d'actions :

Les actions mobilières ; — elles comprennent les marchandises, services et travaux de toutes sortes, et en outre la jouissance des immeubles, l'usage et l'habitation pour une durée quelconque ;

Les actions financières ; — elles comprennent le numéraire, les rentes sur l'État, et toutes valeurs ayant cours, acceptées en conseil d'administration. Elles participeront à la rente de consommation. (Art. 53.)

Les actions immobilières ; — elles comprennent les propriétés rurales, urbaines, les hypothèques, les usines et les ateliers, lesquels pourront être subdivisés par lots et actions.

Les actions sont nominatives, extraites d'un registre à souche et transférables par une déclaration signée du cédant et du cessionnaire, ou de leurs mandataires, sur les livres de la société. La cession, comme la souscription de toute action, suppose de la part du cessionnaire la connaissance des statuts de la société et son adhésion à ces statuts.

TITRE III.

ORGANISATION GÉNÉRALE.

§ Ier.

Conseil d'administration. — Publicité.

Art. 11. — La société sera administrée par M. F. Mazel, en qualité de directeur général.

Art. 12. — Il nommera un directeur pour chacune des trois divisions qui composent la richesse sociale, savoir :

1° Marchandises, services, produits et travaux.
2° Finances.
3° Immeubles et ateliers.

Les directeurs seront personnellement responsables, chacun dans les limites de ses attributions.

Art. 13. — Chaque bureau-succursale d'échange sera administré par un directeur-gérant également responsable de sa gestion.

Art. 14. — Un conseil d'administration de quinze membres sera formé pour donner son avis sur toutes les questions de gestion et de développement, de théorie et de pratique, intéressant la société d'échange.

Feront partie de ce conseil :

1° Le directeur général, qui le convoquera tous les mois et aussi souvent que le demanderont les besoins de la société ;

2° Les trois directeurs de division ;

3° Le gérant du journal de la société ;

4° Le président du comité du contentieux.

Les autres membres seront élus par l'assemblée générale : — provisoirement ils le seront par les personnes qui viennent d'être désignées.

Le conseil pourra s'adjoindre un ou plusieurs experts. Les directeurs des succursales pourront y assister avec voix consultative.

Art. 15. — Indépendamment des attributions générales indiquées ci-dessus, le conseil d'administration donnera son avis sur toute nomination et révocation d'employés de la société et sur les indemnités à allouer, s'il y a lieu, en cas de retraite ou de réforme.

Art. 16. — En cas de dissentiment avec le directeur général, le conseil d'administration devra en informer le comité de surveillance.

Art. 17. — Le journal de la société aura pour titre *l'Échange*. Il servira à la propagation et au perfectionnement de la théorie de l'échange ; il publiera les projets d'opérations élaborés par l'administration et les annonces périodiques d'offres et de demandes.

§ II.

Comité de surveillance.

Art. 18. — Un comité de surveillance, composé de neuf actionnaires, sera nommé par l'assemblée générale et renouvelé par tiers chaque année. Les membres sortants pourront être réélus.

Les fonctions du comité de surveillance consisteront à vérifier et reconnaître, en présence du directeur général ou de ses délégués, les comptes, registres, correspondances, traités et titres quelconques ; en un mot, à porter ses investigations sur toutes les opérations de la société ; à donner son avis sur toute contestation élevée contre la société ou l'administration par un ou plusieurs adhérents.

Spécialement, il visera les actions et les bons de commission.

Le comité de surveillance s'assemblera d'office tous les quinze jours, et plus souvent s'il le juge nécessaire.

En attendant la première assemblée générale, les neuf plus forts actionnaires, parmi les deux cents premiers, composeront le comité de surveillance.

§ III.

Assemblées générales.

Art. 19. — L'universalité des actionnaires et échangistes constituera — par voie d'élections professionnelles, — une assemblée de délégués qui se réunira régulièrement tous les ans à Paris pendant le mois de septembre.

Un règ'o   administratif arrêtera ultérieurement, avant les élections, le nombre des délégués à nommer par chaque profession. Ces délégués devront être actionnaires.

L'actionnaire délégué pourra se faire représenter à l'assemblée par un mandat spécial, mais chaque mandataire ne pourra représenter qu'un seul commettant.

Art. 20. — Cette assemblée pourra, en outre, être convoquée extraordinairement, soit par le directeur général, si l'intérêt de la société le réclame, soit par le comité de surveillance, à la majorité absolue de tous ses membres. Elle le serait de droit s'il était reconnu que les pertes ont absorbé le tiers du fonds social.

Art. 21. — L'objet des assemblées générales sera :

1° L'audition et l'approbation, s'il y a lieu, du compte-rendu par le directeur général, des opérations de la société ;

2° Le rapport du comité de surveillance sur la gestion du directeur général ;

3° L'examen de toute proposition concernant les intérêts de la société dont l'assemblée aura été régulièrement saisie par ordre du jour arrêté en conseil d'administration ;

4° L'élection des membres du comité de surveillance, et des neuf membres complétant le conseil d'administration, tel qu'il est constitué par l'article 14.

Art. 22. — L'approbation du compte-rendu des opérations de la société par l'assemblée générale, entraînera sa ratification définitive et la décharge de toute responsabilité.

§ IV.

Comité du contentieux.

Art. 23. — Un comité de jurisconsultes et officiers publics éclairera et guidera la société dans ses rapports avec l'autorité judiciaire ou administrative, et dans les contestations qui seraient suscitées soit par des personnes intéressées à la société, soit par des tiers.

L'administration assiste, en cas de litige, et quand elle en est requise, les parties devant toute juridiction, en sa simple qualité d'intermédiaire d'échange et pas autrement. La partie qui succombe paye les frais de son intervention.

§ V.

Traitements.

Art. 24. — Les frais de personnel ou traitements fixes, ceux de représentation et jetons de présence seront proportionnés à l'importance des opérations de la société, à celle des commissions perçues, et à la nature des fonctions.

Un règlement administratif annuel en déterminera les sommes pour l'année courante, en prenant pour base le traitement des fonctions analogues dans les services publics.

TITRE IV.

SERVICE ET OPÉRATIONS DE LA SOCIÉTÉ.

Art. 25 — Le service et les opérations de la société consistent l
1° A délivrer des bons d'échange préalablement créés par les adhérents ;

2° A gérer son fonds social, par voie d'échange et non autrement ;

3° A provoquer et à encourager toutes grandes entreprises d'industrie, d'art, de science, d'agriculture — collectives ou individuelles, — notamment la création d'un bazar central et d'une colonie agricole ;

4° A mettre tous ses services à la disposition de l'Etat, comme à celle des simples citoyens.

§ I.

Du numéraire.

Art. 26. — La société reçoit le numéraire or et argent comme marchandise.

L'argent reçu servira à compléter les assortiments de l'échange, à dégrever et à acquérir les immeubles, pour en faire entrer la valeur dans le mouvement des échanges.

§ II.

Bons d'échange.

Art. 27. — Les bons d'échange sont délivrés, moyennant un droit de commission,

1° Contre argent ;

2° Contre produits livrés ou travaux effectués sur l'ordre de la société ;

3° Contre *bons d'échange* acquittés ;

4° Contre immeubles ;

5° Contre titres d'actions de la société, jusqu'à concurrence d'une fraction du capital actionnaire déterminée tous les ans avec approbation de l'assemblée générale, et qui ne pourra excéder le quart de ce capital.

Toutefois, le numéraire ne devant concourir que dans une proportion variable au mouvement général des échanges, la société se réserve de fixer trimestriellement la quotité du numéraire qu'elle admettra dans l'intérêt de la société.

Art. 28. — Les bons d'échange délivrés par la société sont nominatifs, spéciaux et temporaires.

Ces bons sont de trois coupures : — de 50 centimes, de 5 francs et de 50 francs. — Ils sont souscrits valeur en capitaux, marchandises, produits, services ou travaux, au gré des échangistes.

Les échangistes doivent employer les bons dans la quinzaine, ou les rapporter à la société, faute d'emploi dans le même délai.

Celui sur qui le bon est fourni doit aussi rapporter et échanger le bon acquitté contre un nouveau bon, dans un second délai de quinzaine.

Ces délais pourront être étendus ou restreints sur l'avis du conseil d'administration. Les bons d'échange feront mention de ces délais.

Art. 10. — La société en tant qu'intermédiaire d'échange et productrice de commissions, a elle-même son livret ou compte ouvert ; — à ce titre, et o met ses *Bons de commission* à la disposition des échangistes, pour leur faciliter le payement de la commission, faute de quoi ils seraient tenus de la payer en espèces.

La quotité de l'émission des bons de commission sera déterminée tous les mois par le conseil d'administration, d'après le chiffre du capital de la société et l'importance de ses opérations.

Les bons de commission ne seront pas soumis aux délais ci-dessus, mais ils se prescriront par six mois.

Art. 30. — La signature sociale, les contre-seings, cachet et timbre de la société, seront apposés sur les bons d'échange pour en certifier la sincérité, et en garantir la valeur le cas échéant.

Art. 31. — Ils seront détachés d'un livret à double souche, numérotés et datés.

Art. 32. — Les bons de commissions seront en outre visés par un membre délégué du comité de surveillance.

Art. 33. — Après les délais fixés par l'art. 28, tout bon d'échange non acquitté et échangé subira un dommage de 3 pour 100 par mois.

TITRE V.

BILAN SEMESTRIEL.

Art. 34. — Tous les semestres, la balance générale de la société sera arrêtée.

Art. 35. — Le produit des commissions sera employé : —

En prélèvement des frais généraux.

En rentes viagères de 5 p. 0,0 par an, payables par semestre en bons d'échange aux consommateurs qui seront admis à l'échange par argent, ainsi qu'il vient d'être dit dans l'art. 27. —

En cas de dissolution de la société, cette rente cessera de droit. —

Après ces deux prélèvements, il sera attribué aux actionnaires un intérêt de 5 p. 0,0 par an, payable de la même manière.

Art. 36. — Le surplus du produit des commissions sera réparti comme il suit :

1° Un tiers aux employés intérieurs et extérieurs de tous grades, y compris le directeur général, dans la proportion de leurs traitements fixes ;

2° Un autre tiers en dividendes aux actionnaires ;

3° Et le troisième tiers en dotations en faveur des orphelins, veuves et vieillards des familles qui se seront vouées au service de l'échange, et même de toutes les familles des adhérents dans la proportion de leur coopération.

L'attribution et l'emploi de ces dotations appartiendront à une commission spéciale instituée par l'assemblée générale et qui statuera sur les demandes, après une instruction préalable ; — le tout sur des bases et suivant des formes à déterminer ultérieurement.

TITRE VI.

DÉCÈS DES ASSOCIÉS. — RETRAITE OU DÉCÈS DU DIRECTEUR GÉNÉRAL.

Art. 37.—Le décès d'aucun des associés n'entraînera la dissolution de la société : elle continuera avec les héritiers et ayants cause de l'associé décédé.

Art. 38. — Aucune opposition de scellés ne pourra être faite sur les valeurs, livres et papiers de la société.

Art. 39. — Le directeur général devra désigner son successeur provisoire pour le cas de retraite ou de décès. A défaut, le conseil d'administration le désignera aussitôt la vacance advenue.

Ce directeur général provisoire gérera jusqu'à l'élection du successeur définitif. Ce dernier sera nommé par l'assemblée générale, sur trois candidatures posées, — l'une par le comité de surveillance, et les deux autres par le conseil d'administration. — Les candidats devront être choisis parmi les membres de ces conseils, les directeurs et les chefs de division.

Art. 40. — La retraite du directeur général aura lieu de son propre mouvement, ou par institution d'un successeur en assemblée générale, à la majorité des deux tiers des membres présents.

Par dérogation à cette clause, M. Mazel exercera d'abord ses fonctions pendant dix années entières et consécutives, après lesquelles l'assemblée sera consultée comme ci-dessus. Il ne pourra être révoqué plus tôt qu'à la condition de recevoir pour indemnité le dixième du capital social, et en ce cas il deviendra de droit président du conseil d'administration.

Art. 41.—Le directeur général, sortant après dix ans de service, continuera de jouir, à titre de retraite, de la moitié de ses droits d'activité. — Cette somme est accordée à M. Mazel, en sa qualité de fondateur, quand même il prendrait sa retraite avant l'expiration de ce délai. Elle sera réversible sur la tête de sa fille.

TITRE VII:

DISSOLUTION ET LIQUIDATION.

Art. 42.—La dissolution ne pourra être demandée que dans les cas prévus aux présents statuts. La minorité aura toujours le droit de l'empêcher en désintéressant la majorité au pair. En conséquence, les actions des dissidents vaudront comme bons d'échange acquittés de même valeur.

Art. 43.—La liquidation sera conforme aux principes de l'échange :

Les bons d'échange non encore délivrés seront restitués aux souscripteurs. Les bons acquittés seront remplis sur l'ensemble des valeurs.

L'actif social net sera réparti, par voie de licitation, suivant la nature des objets qui composeront cet actif après estimation préalable ; et les comptes seront balancés, de la manière qui conviendra à la majorité, sur la proposition du liquidateur ou de tout actionnaire.

TITRE VIII.

ARBITRAGE

Art. 44. — Toutes les contestations qui pourraient s'élever entre un, plusieurs, ou la généralité des échangistes, d'une part, et la société, d'autre part, seront jugées en dernier ressort, sans appel ni pourvoi en cassation, par trois arbitres nommés d'un commun accord, — ou, à défaut, par le tribunal de commerce, sur assignation, à la requête de la partie la plus diligente.

Art. 45. — Dans les contestations entre l'administration et la généralité des adhérents, ceux ci seront représentés par les membres du comité de surveillance, en la personne desquels tout acte de procédure sera signifié. Ils nommeront entre eux une commission de trois membres pour soutenir la demande ou y défendre.

Art. 46. — Aucune contestation ne pourra être introduite par un ou plusieurs adhérents, soit contre un ou plusieurs adhérents, soit contre la société ou l'administration, sans avoir au préalable pris l'avis du comité de surveillance qui en référera au comité du contentieux. Le directeur général sera entendu.

TITRE IX.

STATUTS COMPLÉMENTAIRES ET MODIFICATIONS.

Art. 47. — Les dispositions complémentaires prévues aux présents statuts seront obligatoires pour toute la société, aussitôt qu'elles auront été approuvées par l'assemblée générale. Il en sera de même de la conversion en société anonyme.

Art. 48 — Les modifications que l'expérience et les développements de la société rendront nécessaires ne seront admissibles que sur la proposition du directeur général, et ne deviendront obligatoires pour tous les adhérents qu'après approbation par l'assemblée générale, à la majorité des deux tiers des membres présents.

MODÈLE D'ACTE D'ADHÉSION.

SOCIÉTÉ GÉNÉRALE D'ÉCHANGE.

F. MAZEL ET Cie.

Je soussigné,

Après lecture des statuts de la *Société générale d'échange*, fondée par acte du

sous la raison F. Mazel et compagnie,

Déclare adhérer auxdits statuts sans exception ni réserve, et souscrire en qualité

d'actionnaire pour la somme de.....

d'échangiste pour la somme mensuelle de

Savoir :

En espèces.

En marchandises de mon assortiment tel qu'il sera au moment de la demande.

En travaux de ma profession au fur et à mesure de ma disponibilité.

En immeubles à désigner spécialement.

Total.

livrables aux échangistes désignés par la société.

Pour faciliter les opérations, je diviserai la présente souscription en coupures, à la volonté de l'administration.

Je m'oblige à prendre en échange au fur et à mesure de mes livraisons, dont je rapporterai les acquits :

1° Soit des actions de la société ;

2° Soit des bons d'échange parmi les professions suivantes, quand elles existeront, savoir :

Et en outre, parmi toutes les valeurs de la société, sans autre restriction que celles stipulées ci-dessus pour ma convenance, sous déduction de la commission qui sera fixée en conseil d'administration, — et enfin à me conformer à toutes les clauses et conditions dudit acte social.

Le présent se renouvellera tacitement de mois en mois et prendra fin par un congé verbal, donné un mois d'avance dans les bureaux de la société, qui en délivrera récépissé.

Fait double, à Paris, le

SOUCHE DE L'ADMINISTRATION.

MODÈLE DE BON D'ECHANGE.

SOCIÉTÉ GÉNÉRALE D'ECHANGE,
F. MAZEL ET Cie.,
Paris, rue Rambuteau, 17.

CACHET
de l'administration.

BON D'ECHANGE DE CINQ FRANCS.

Nᵒˢ (du livret).
» (du bon).

CACHET
du souscripteur

MAGASIN D'EPICERIE,
DURAND ET Cie.,
Rue Saint-Denis, 20.
BON POUR CINQ FRANCS D'ÉCHANGE,
VALEUR EN MA SOUSCRIPTION, CONFORMÉMENT AUX STATUTS SOCIAUX.
DURAND, et Comp.

Délivré à M. Guillaume,
pour être employé dans la quinzaine.

Vu par le contrôleur,
BERNARD.

Paris, le 15 mars 1840.
F. MAZEL et Comp.

Pour acquit, le

GUILLAUME (1).

(1) Nous donnons ici un modèle de bon d'échange pour bien faire comprendre le mécanisme du service d'échange que nous établissons. On voit que l'échangiste fait lui-même son papier, c'est-à-dire qu'il peut battre monnaie, à son temps, à son heure, et selon ses besoins. La société qui lui sert d'intermédiaire sert en même temps de garantie.

MANIFESTE

DE LA SOCIÉTÉ GÉNÉRALE D'ÉCHANGE,

Par Mazel et Cie.

La grande idée de l'échange sollicite bien tardivement l'intérêt public; mais on comprend enfin qu'elle renferme le mot du problème social.

On s'attache à en saisir le sens, à en dévoiler la raison, à en calculer la puissance. On se demande si c'est une langue toute nouvelle qu'il va falloir parler, et si nous n'entendrons plus désormais l'expression des principes immuables, la voix de l'éternelle vérité. On s'effraye des clameurs immenses que l'ignorance et l'erreur élèvent de toutes parts en face des passions : — « Il faut bouleverser le monde, changer la base de la société, détruire tout ce qui est ! »

On a peur du chaos.

Les intérêts aveugles s'alarment; la société, prise de vertige, tressaille profondément et croit à sa destruction; la nature elle-même paraît à ses yeux s'ébranler jusqu'en ses fondements. Car toutes les aspirations se font jour avec une énergie incroyable. Les classes déshéritées élèvent haut leurs prétentions légitimes, proclament leurs droits dans un langage inouï. Le travail a l'intelligence forte, et sa voix implacable dit au monde : — Je suis viril, je suis majeur; — périsse le monde si je ne suis pas roi !

On a beau s'efforcer de croire à son égarement, — que l'on rendra terrible par une résistance folle : — il faut le prendre au sérieux, — et l'on tremble de répondre pour le satisfaire, à côté de la faiblesse, pour ne pas dire de la nullité, des moyens connus.

Le problème est ainsi posé : malgré qu'on en ait, — il faut le résoudre.

C'est la révolution économique qui va s'accomplir.

Avant de passer dans le fait et d'être si fatalement imposé par la nécessité irrésistible, le problème économique préoccupait quelques esprits. Les penseurs agitaient obstinément la formule suprême dont tous les termes étaient alors des inconnues pour eux ; — mon intelligence, prise de fièvre à ce calcul mystérieux et fatidique où je ne voyais que des X, me conduisit peu à peu à la découverte du secret profond dont le mot jaillit enfin lumineux :

ÉCHANGE !

Échange ! me dis-je. — Il n'y a point de révolution brutale là dedans, si les hommes veulent comprendre. La transformation va s'opérer sans luttes, sans haines. Le pivot du mouvement pacifique est trouvé ; — le monde s'établit sur son axe ; — ses fondements solides ne sauraient point changer.

Échange ! — c'est le salut *de tous et de chacun*, si les hommes veulent essayer.

Or je ne viens point, athlète vengeur, saisir l'inébranlable société corps à corps, l'étreindre et l'étouffer dans mes bras, pour tirer après de sa cendre la vie de l'avenir et y souffler le germe du progrès nouveau. Je ne veux pas être pour elle l'ange exterminateur du dernier jugement. Mon doigt n'écrira point sur la muraille d'or du festin où les

Balthazar du privilége s'enivrent, — ignorants, — leur sentence fatale : *Mané, Thecel, Pharès.*

Je n'ai personne à condamner, je ne vois personne à combattre.

Les sympathies de mon cœur appartiennent sans doute aux travailleurs, classe la plus souffrante et martyre séculaire. Mais ma raison s'intéresse à la fois au bonheur de tous les hommes, et voyant le mal social, l'ignorance des moyens de progrès en haut comme en bas, — peut-être plus en haut qu'en bas, — je comprends la nécessité de la rénovation pour tous, et c'est pour tous en même temps que je veux voir s'accomplir l'heureuse et décisive rédemption commencée depuis longtemps par l'idée, mais non encore terminée dans le fait.

Je parle de ce qui est pour pouvoir arriver à ce qui doit être.

Je vois en haut les hommes que l'on prétend heureux, sujets à tous les caprices du sort, exposés à toutes les chutes soudaines, à toutes les chances imprévues, se leurrer eux-mêmes d'un bonheur dont ils ne peuvent jamais s'assurer la jouissance tranquille, parce qu'il repose sur une fiction immuable, sur un *égoïsme stupide*; — égoïsme et fiction qu'ils défendent pourtant avec l'acharnement du désespoir contre les empiétements du droit actif et de la raison mûre.

Je vois ces malheureux, se gardant des propres tendances de leur esprit, s'interdire comme le suicide de penser vrai, pour garantir à leurs appétits matériels la satisfaction du moment, qui est tout leur privilége. Ils s'écartent de leur voie naturelle pour s'enfermer dans les grossiers instincts de ce cupide et sot matérialisme, et, dans ce honteux retranchement, ils sentent avec effroi les hautes eaux de la destinée frapper de leurs vagues irrésistibles l'absurde rempart de leur orgueil méprisable, de leurs pitoyables préjugés. — Détachés des flancs de la société en tourmente, ils se sentent rouler par les flots du déluge qui va les submerger; ils sont pris d'égarement au milieu de ce cauchemar affreux; — ils se croient perdus, et nous les avons sous !

Il faut les guérir.

Je vois en bas les travailleurs opprimés, s'insurgeant contre les rudes labeurs et les décevantes promesses du travail toujours stérile pour eux et toujours rebutant, ne plus vouloir engraisser d'autre chair que la leur, ni nourrir de leur courage et de leur sang l'exploitation égoïste qui n'en profite que pour elle, et qui en profite si mal. — Je les vois revendiquer les biens qui leur sont dus; — ils font parler d'une voix éclatante l'impérieuse nature qui les fit libres et forts et ne relevant que que d'elle seule. Ils veulent briser le pacte odieux qu'ils ont subi sans jamais l'avoir accepté; — ils s'irritent des obstacles qu'on leur oppose encore, des injures qu'on leur prodigue.

Ah! quoi qu'on fasse, ils se sentent maîtres par la force et par le droit, — et désormais par l'intelligence même; — ils ne courberont plus sous la prétendue loi du sort qu'on leur impose leurs fronts jadis chargés de nuages, mais où l'éclair a lui. Ils ne garderont point au cœur le ressentiment du passé mauvais, — si l'on veut. — L'existence du monde datera pour eux de ce jour, — si l'on écoute la raison qui leur parle, et dont la voix ça mes leurs maux.

Mais leur patience et leur courage ne sont plus possibles qu'à ce prix; ils ne peuvent plus vivre qu'à ce prix seulement :

Que la raison s'incarne dans les faits, qu'elle satisfasse à leurs besoins les plus naturels, qu'elle réalise leurs plus légitimes espérances !

Si au contraire le mensonge prétend encore fausser leurs vœux; si l'hypocrisie s'exerce à les duper de nouveau, — alors c'est la guerre, c'est la ruine, c'est la mort ; — ils y sont décidés !

Il faut qu'on les comprenne.

Il y a donc nécessité absolue de conserver à l'homme d'en haut les avantages du privilége, la satisfaction du moment dont il jouit, — et de le préserver de toute crainte et de toute déchéance, pour rassurer sa nature jalouse.

Il y a aussi nécessité absolue d'étendre à l'homme d'en bas les bénéfices du privilége, — de garantir son avénement au droit commun, — et de répondre complétement aux justes exigences de sa nature avide.

Ne rien faire perdre en haut, tout faire gagner en bas, — équilibrer ainsi le balancier social, — c'est de l'axe oblique faire l'axe horizontal, voilà tout. —

Le mouvement se régularise ainsi, et le monde plus hardi gravite librement dans l'espace, — sans secousse et sans bouleversement, — sous des rayons plus chauds, sous un ciel plus propice.

Eh bien, ce n'est point une constitution politique nouvelle qui rassiéra l'humanité dans son état normal, dont l'ignorance l'écarte. — Ce n'est point une constitution nouvelle qui établira les conditions sociales du bonheur de tous. — La loi du bonheur général ne s'écrit point et n'admet pas de priviléges ; — elle est l'effet de l'entraînement ; — elle est révélée par la nature de la conscience éclairée de chaque homme qui veut une liberté pour lui égale à la liberté de tous, et qui se sont liés à tous, comme ils sont tous liés à lui par la nécessité bienfaisante, providence du droit commun, sauvegarde de toutes les libertés réelles.

Dans les âges de croissance de la société, les hommes-enfants méconnaissent cette loi divine de la solidarité universelle. Les relations d'homme à homme, d'un seul avec plusieurs, et des masses avec les masses, ne sont uniquement qu'un lien d'intérêt étroit et mesquin établi entre eux par *l'obligation de faire ou de ne pas faire*.

Mais, par cette convention imposée, — variable selon les temps, — variable selon les pays, — chaque individu dépendant des conditions sociales dans lesquelles il se trouve, — n'étant point libre de son action, — ne relevant pas de sa volonté propre, — se voit *obligé* pour le fait d'autrui, qu'il ne peut évidemment pas garantir. — Et s'il ne remplit pas *son obligation*, cependant, la pénalité sociale, — sous le nom de JUSTICE, — le frappe plus ou moins durement, — trop durement toujours, — pour une faute qui n'est pas sienne.

Quand l'homme, — *obligé de faire ou de ne pas faire*, — sera libre, et aura en effet le pouvoir de faire ou de ne pas faire ; — quand au lieu de s'obliger pour le fait d'autrui, il s'obligera pour son fait propre, alors il sera juste d'en appeler aux lois de contrainte et de dommages-intérêts, s'il ne remplit pas son engagement, que rien, dans ce cas, ne peut l'empêcher de remplir.

Mais tant qu'une loi obligera l'homme de faire ou de ne pas faire une chose que cette loi elle-même l'empêche de pouvoir faire ; — tant qu'une seule loi s'imposera à l'homme en isolant sa nature, ses forces virtuelles, son action, sa propre puissance, de sa liberté propre ; — tant qu'elle le placera forcément dans des conditions fatales de DEVOIR, — négatives des conditions naturelles de POUVOIR, — cette loi commettra impiété, sacrilége, crime de lèse-nature !

Elle faussera les tendances de l'humanité ; — elle souillera l'histoire ; — elle voilera l'avenir ; — elle interdira le progrès !

Et si, après cela, — se prenant à la volonté de l'individu de la non-exécution d'un engagement impossible, — elle lui en commande l'exécution quand même, — elle le contraindra, — ELLE, — LA LOI ! — à tous les dérèglements insensés qui font le mal social ;

Ou encore, si, en fin de compte, elle le condamne à une pénalité quelconque et à des dommages-intérêts ; — à payer, sous peine de ruine totale et même de prison, une somme d'argent qu'il n'a pas, elle l'amènera inévitablement au désespoir, à la folie ou à la perversité ; — elle joindra l'atroce à l'absurde !

Voilà la loi ignorante que l'on dit être le bouclier de tous les intérêts et le rempart de la société !

Eh bien, c'est sur l'obligation sans cause de faire ou de ne pas faire ; — c'est sur des conventions arbitraires et brutales tenant lieu de loi suprême, que les législations de tous les empires sont basées.

C'est pour en assurer l'exécution, que nous voyons les peuples se ruer contre les peuples, — les classes s'opposer aux classes, — les grands contraindre les petits, — les petits s'insurger contre les grands ; — les hommes, enfin, s'acharner contre les hommes ; en appeler tous à la force, au fait, — sans tenir compte du droit qui s'irrite, de la nature qui gronde, et de la destinée qui marche.

C'est pour cela que nous sentons le monde sans cesse tressaillir et soubresauter, essayant sa révolution, hésitant par degré, — sans pouvoir s'accomplir à son heure, — tout d'un coup et définitivement.

Dans cet égarement universel, au sein de cette perturbation générale de toutes les sociétés, au milieu de ce conflit formidable de toutes les passions défléchies, en face de ce cataclysme épouvantable et sur les bords du gouffre où tous les intérêts semblent devoir s'abîmer, le numéraire or et argent, — raison actuelle de tous les efforts, — seul but des aspirations mal comprises et déréglées, — le numéraire se cache en traître.

Se refusant à sa fonction, — et maître à la fois de la production et de la consommation, — il interdit du même coup toute la fonction humanitaire.

La richesse publique s'enraye sur la voie et n'arrive plus à sa destination. — A côté d'elle la misère dévore son propre flanc, et, frappée de stupeur, croit voir la roue de la fortune brisée sur son moyeu, plutôt que d'en pousser l'essieu résolument.

C'est un délire fatal !

— Pareils à l'équipage d'un navire qui s'engrève dans un canal desséché, les hommes attendent piteusement que l'écluse de la source se rentr'ouvre pour reprendre la navigation suspendue, pour ressaisir l'action de la vie.

Mais l'écluse se rouvrira-t-elle ?

Et ne vaudrait-il pas mieux, d'ailleurs, qu'ils missent pied à terre pour atteindre aux rives de l'abondance par une marche décidée, bien loin d'invoquer le retour des eaux qui en ruinent le sol, et dont les vagues, au lieu d'y conduire à bon port, en écartent le plus souvent, ou, parfois, vous jettent brisés sur la côte ?

Tant est grand le vertige que l'amour de l'or donne à l'humanité, qu'on peut la comparer au chien lâchant la proie qu'il tient pour courir après l'ombre de son corps ! — C'est bien là le mirage dont on se leurre dans le vide de l'ignorance ! — On y découvre l'oasis, et l'on ne peut s'y abriter ! — On y voit la source d'eau vive, et l'on ne peut pas s'y désaltérer !

Mais la raison enfin vient nous dire de quitter ce désert.—La science nous apprend l'inanité de nos croyances, et nous démontre la vanité de nos illusions.

Le progrès vient détruire l'utopie qui nous liait au malheur : — nous cherchions le bien où il ne peut pas être !

Tantale, lève-toi donc !

Ne reste pas enfoncé jusqu'aux lèvres dans le bourbier de l'erreur, et ne tends plus tes bras vers l'arbre du mensonge ! — Tu n'atteindras jamais à ses fruits qui tentent la soif, — et c'est pour ton bonheur que tu n'y atteindras jamais, — car ces fruits, que tu crois savoureux, sont âpres et verts, — et brûlent au lieu de rafraîchir !

Tantale ! quitte la fiction qui fait ton désespoir, et viens à la réalité.

La réalité te tend les bras !

Jusqu'à quand l'image du Tantale antique sera-t-elle vraie pour nous ?

Jusqu'à quand devrons-nous entendre le râle des peuples mourant de faim à côté des greniers d'abondance qui regorgent de richesses?— Qui peut croire maintenant à l'agonie éternelle de l'humanité ? — A l'idée de ce supplice sans fin et sans cause, en face de la nature bienfaisante et toujours féconde, quelle raison d'homme ne s'élèverait à Dieu par un cri d'intelligence pour usurper sa place et faire mieux que lui, si Dieu n'avait pas mis dans notre âme le mot de son secret divin que la nécessité révèle à l'âge de force : — TRAVAIL ! Il faut que le travail soit roi !

Eh bien ! nous entendons ce langage qui veut dire : — Vivre, — vivre et être heureux ! — Et nous ne traduisons plus stupidement la voix de la nature entière et de notre existence même par le mot du chartreux, — absurde comme le suicide : — Frère il faut mourir !

Non. — L'écho d'en bas s'est fait intelligent et fidèle : — Vivons frères ! — Soyons heureux.

A quoi tient donc aujourd'hui l'avenir du monde, ce bonheur que nous poursuivons ?

Il faut le répéter sans cesse :

— Toute la question sociale est désormais dans la question économique.

On s'obstine à prendre l'argent, — qui est le signe de la chose, — pour la chose elle-même.— On a fait de l'argent le dominateur suprême, le tyran universel, — et parce que l'argent se refuse un moment, on croit toute richesse détruite.— On s'impute réciproquement, de peuple à peuple, de parti à parti, la cause de son mauvais vouloir,— et l'on subit ses caprices ! — Les haines s'amoncellent, les déchirements éclatent, et c'est à cause de cette erreur commune que les populations se déciment par toutes les guerres, et deviennent la proie de la famine.

Mais le numéraire qui se cache ne nous dit-il pas de se passer de lui? — Ne prononce-t-il pas lui-même, au jour décisif, sa propre déchéance ? — C'est, — comme le jésuite, — au soleil du progrès qu'il a peur, qu'il s'enfuit. Leur règne n'est possible à tous deux que dans le temps d'obscurantisme.

Détruisons donc la cause de tout le mal social !

Rétablissons le mouvement humanitaire, reprenons notre activité

— Affranchissons-nous de l'assujétissement du capital exploiteur ;
— rendons à la circulation tous les produits, à leur fonction tous les
les travaux qu'il arrête , et qui sont les seules véritables richesses. —
Constituons par l'échange les comptes-courants du grand-livre de ;la
richesse sociale !

N'est-il pas vrai, pour tout le monde, qu'un peuple doit être administré comme une seule et grande famille, étroitement unie, passant écritu-
res, jour par jour, de ses recettes et de ses dépenses, pour se rendre
compte de ses opérations, et par l'ordre qui régit son passif et son actif, établir, au profit de tous ses membres le solde des bénéfices qui
revient à chacun d'eux ? — N'est-il pas vrai qu'il en doit être ainsi
pour toute famille humaine qui n'emploie son temps qu'à la production
qui enrichit, et non à la spéculation qui ruine ?

Chaque individu produit et consomme. — Sans cesse il bat mennaie
de son travail, — et cette monnaie qu'il frappe lui-même, — que lui
seul doit frapper, — il doit pouvoir l'échanger pour ses besoins.

Ce n'est qu'à cette condition que chacun aura l'entière disposition de
ses forces en sa volonté propre. — Ce n'est qu'ainsi , qu'en toute obligation il s'obligera vraiment pour son fait personnel, avec pouvoir
alors, comme avec devoir d'exécuter.

L'échange est le monde nouveau. — Il débarrasse la circulation de
toute entrave et de tous dangers apportés par l'argent. C'est la richesse
elle-même qui circule désormais, et non plus le signe menteur, la fiction
de la richesse.

Le *bon d'échange*, créé en même temps que le produit, disparaît en
même temps que lui. — C'est donc sérieusement par le bon d'échange
que les produits s'échangent contre les produits, — sans qu'on ait à
craindre l'usure , la banqueroute et tous les fléaux attachés à l'argent,
qui n'a aucun avantage et présente tous les vices.

Dès 1829, je posai les bases d'une société d'échange. Il m'était moins
permis alors qu'aujourd'hui d'attirer d'emblée l'attention du gouvernement sur mon œuvre. La puissance de sen initiative et des moyens dont
il dispose pouvait en hâter l'accomplissement ; — mais, à défaut de son
concours, je croyais devoir compter sur celui des travailleurs, — bien
plus puissant encore.

Les temps n'étaient point encore venus.

Mes efforts restèrent enclos dans le cercle d'une entreprise commerciale ordinaire. Mais la première révolation de mon système dans le
monde des affaires ayant fourni un chiffre de 2,400,000 fr. d'échanges
en six mois, j'obtins ainsi par la pratique la consécration de mes théories.

Je vis que, quand l'heure sonnerait, l'échange deviendrait réellement
l'arche de salut.

Je suspendis mon action en attendant, pour ne pas laisser fausser mes
principe par la cupidité de certains hommes que toute idée nouvelle at-
tire, et qui l'eussent exploité en vue d'un intérêt mesquin, ne compre-
nant pas qu'il peut et doit servir à autre chose.

Maintenant l'heure est sonnée !

Je retrouve toute la vigueur des idées qui échauffèrent ma vie. Je
me suis entouré d'hommes qui ont saisi ma pensée et qui m'aident à la
développer. — Les statuts que je livre aujourd'hui au public sont la
transition du passé à l'avenir.

Jusqu'au jour où, intégralement affranchi, le travail sera reconnu
être la condition heureuse de l'existence de chaque individu, nous au-

ress sauvegardé le droit de vivre de ceux qui ne produisent point encore.
— Par un phénomène qui ne se présente qu'à l'échange, — et qui profite au développement de l'échange comme à ses clients eux-mêmes, — l'argent, remis comme matière échangeable, donnera droit à une rente viagère égale à l'intérêt ordinaire qu'il rapporte par le placement et la spéculation. — Qui donc se trouvera froissé par cette disposition ?

— L'intérêt perpétuel, c'était la perpétuité du servage. — L'abolition de l'intérêt, les capitalistes ne l'admettraient pas, et je n'ai pu compter sur une seconde nuit du 4 août. — Il fallait une combinaison de transaction et de transition, — en un mot, de liquidation. — Cette condition est rigoureusement remplie par la suppression de l'épargne et l'immense développement de consommation qui seront la cause et le résultat à la fois du désintéressement volontaire et continu des capitalistes.

L'analyse qui suit les statuts fera comprendre au public certains points qui resteraient obscurs, certains articles qui pourraient être faussement interprétés à la simple lecture. — Mais on verra que nous nous sommes réservé de perfectionner notre mécanisme tant qu'il aura progressivement besoin d'être perfectionné.

La formation de nos assemblées générales, par voie d'*élections professionnelles*, nous conduira inévitablement à la réalisation intégrale de nos idées démocratiques, et à la perfection de notre système social.

L'État lui-même devra bientôt employer le mode des *élections professionnelles*, qui seules peuvent donner la vérité et la connaissance des besoins du pays à la représentation nationale.

Ce n'est que grâce aux élections professionnelles que la gestion des affaires publiques pourra être faite avec science et talent dans toutes ses parties, et que tous les instruments de prospérité, étant bien connus, s'agenceront comme il faut, et s'harmonieront au profit de la masse des citoyens.

Enfin, voici l'établissement de la loi innée ! — La nature, — plus sage que la société ignorante, — va triompher par le libre exercice et l'entier développement des facultés de chaque être.

C'est maintenant que va s'accomplir l'œuvre de tous dans la synthèse de l'idée éternelle.

J'apporte l'instrument d'une liberté positive et non chimérique : — le travail peut jouir en paix de son labeur, et vivre en soi comme Dieu même !

Échange ! échange !...

Qui n'entend pas : — Liberté ! paix et bonheur !

Au-dessus de toutes les factions et de toutes les coteries, — que l'on poursuive le même but avec nous ou sans nous, — honneur à qui le poursuivra mieux et l'atteindra plus tôt !

Et maintenant, — pour réaliser la foi de ma raison, — pour incarner l'idéal de mon cœur, — oui, que le règne de Dieu vienne — et qu'il nous délivre du mal ! —

Que la loi de l'échange s'étende d'un côté à l'autre, et régénérant l'homme régénère le monde.

La nature obéit au travail que la liberté guide, — et l'échange garantit la liberté !

Paris 20 mars 1849.   Fulcrand MAZEL.

EXPLICATION SOMMAIRE

DES STATUTS DE LA SOCIÉTÉ.

L'esprit démocratique le plus pur, le mieux compris a présidé à la rédaction des statuts de la *Société générale d'échange*.

On s'est appliqué à réaliser tout de suite, au profit de tous, la théorie de l'échange indiquée à larges traits dans le manifeste publié ensuite des statuts.

Le principe de l'échange porte en lui la régénération du monde. Mais pour que sa puissance s'étende dans sa plénitude, il doit parcourir une double phase.

Pour accomplir d'abord la transition nécessaire, il opère par l'action libre et pacifique des citoyens et selon les règles d'une société de commerce ordinaire, sous la sauvegarde et dans la logique même des lois existantes.

L'État sera bientôt amené à reconnaître la puissance bienfaisante et universelle du système d'échange ; il en appréciera le caractère sagement progressive et éminemment conciliateur. Aussi, après avoir traité avec la société pour la soumission de travaux, pour les approvisionnements, etc., etc., le gouvernement comprendra facilement que la fortune nationale et la sécurité publique ont tout à gagner à l'entier développement et à l'extension rapide de l'échange, et que les fortunes privées ne sauraient plus désormais s'assurer que par lui. Dès lors l'État prendra en main le sceptre de l'idée nouvelle, et avec la puissance d'initiative qui lui appartient, il inaugurera le règne bienheureux de l'échange.

L'abîme des révolutions sera fermé cette fois.

Il ne s'agit, pour tout cela, que de franchir la première de ces deux phases.

M. Fulcrand Mazel, créateur de la théorie et ancien gérant d'une société d'échange, a naturellement pris les fonctions de directeur général de la société nouvelle. Tous les citoyens sont appelés à faire valoir leurs titres, instructions, lumières, capacités, expérience pour concourir avec lui à la propagation et à l'application de son système.

La forme de société en commandite a dû être choisie comme la plus large que la loi consacre, jusqu'à ce que l'entreprise fût dans les conditions voulues pour se transformer en société anonyme.

Les principes de l'échange ne nécessitaient pas à la société, simple intermédiaire entre les échangistes, un capital social. Mais ce capital a été constitué pour donner à la société, à son début, une puissance d'initiative, une impulsion énergique, plus favorable à la marche de l'œuvre et aux progrès de l'idée.

Ne faut-il pas diriger le mouvement au point de départ, comme il faut guider l'enfant en bas âge ? Le travail ignorant encore ses propres forces, nous stimulerons son action, et nous lui révélerons ce qu'il peut.

Jusqu'à ce que la foi en l'échange soit universelle et que son empire s'étende par toute la terre, un premier noyau d'hommes viendra donner l'exemple et se rattachera fortement à sa destinée. A ceux-là appartiendra aussi l'honneur de l'entreprise. Ils auront eu la croyance en l'avenir, l'intelligence des moyens de progrès ; ils auront apporté à l'édification de l'œuvre toute leur activité et toute leur science, leur fortune et tous les instruments de succès.

Déjà ici le principe nouveau porte ses fruits. Les actions qui composent le fonds social ne sont pas seulement payables en écus. Chacun souscrit en choses qu'il a et peut toujours avoir ; en produits, services, travaux de sa profession ou marchandises de son magasin, aussi bien qu'en argent.

Le fonds social ainsi composé vient compléter l'immense assortiment de la société, et entre lui-même dans le mouvement de l'échange. Il s'y transforme sans s'altérer et peut servir encore de caution morale aux bons d'échange qui, indépendamment de leur solidité intrinsèque, présenteront de plus une garantie pareille à celle des billets de banque, gagés par une réserve métallique.

Il permet à la société de parfaire le service général en pourvoyant aux lacunes, et en activant ou en augmentant la circulation de la richesse par la création d'un bazar, d'une cité, d'un théâtre, d'une colonie agricole, de canaux d'irrigation, etc., toujours par les procédés de l'échange. Il est enfin l'un des rouages auxiliaires les plus importants du mécanisme, et il en multiplie la puissance.

Les deux premiers titres des statuts ne sont que la réglementation des idées que nous venons d'indiquer.

Le titre III traite de l'organisation intérieure de la société.

Cette organisation est empruntée à la fois à celle des pouvoirs publics pour la responsabilité et la hiérarchie, et au principe de l'échange, pour le mode de rétribution, et pour celui des relations des fonctions entre elles.

La publicité la plus large et sous toutes les formes, étant nécessaire au développement de l'échange, il est créé dans l'administration un foyer spécial de publicité, dont la mission intérieure consiste à porter à la connaissance des échangistes, par la voie du journal de la société, le résultat des statistiques industrielles, le bilan régulier des opérations, les offres et demandes, etc., et la mission extérieure à répandre, tant par ce journal que par des brochures, des cours et enseignements de toute nature, la doctrine de l'échange.

Le comité du contentieux et le comité de surveillance de la société d'échange sont organisés comme dans les grandes sociétés les plus récentes et les plus parfaites.

Enfin un conseil d'administration composé des principaux fonctionnaires de la société et de capacités d'élite qu'ils s'adjoindront, suivra pas à pas la marche de l'idée pour en perfectionner chaque jour le mécanisme, pour en favoriser l'expression, et pour modérer ce que l'omnipotence d'un gérant, exigée par les lois commerciales, pourrait présenter de périlleux et de blessant pour le sentiment démocratique.

Le titre IV est sans contredit le plus important des statuts. Il traite des opérations de la société. Les motifs généraux déjà exposés répondent aux principaux articles de ce titre.

La question vitale de l'échange, c'est, comme nous l'avons exposé, de procurer la réciprocité de la commande, de créer un lit toujours facile pour une circulation grandissante, ou plutôt un canal s'élargissant progressivement de manière à rendre impossible toute déperdition, tout chômage et toute longue attente aboutissant à l'avarie, à l'avilissement des produits et de la main-d'œuvre.

En cela, on peut croire la question résolue.

Produits et services, meubles, effets, marchandises, terres, maisons, ateliers, s'échangent les uns les autres rapidement et économiquement.

La mobilité du caractère national, obstacle majeur, jusqu'ici, au succès des longues entreprises, devient, entre les mains de l'échange, l'instrument du progrès, le gage de la prospérité générale et continuelle.

Les immeubles, frappés en quelque sorte de stérilité par leur caractère de résistance à la circulation, s'échangent, sous forme de titres et de coupons d'actions, contre les produits et service de tout ordre, et l'activité des villes se répercute sur les campagnes par une abondante série de relations de plus en plus civilisatrices : — la mobilisation tant désirée n'est plus qu'un jeu d'enfant dans l'association par échange.

On a dû fixer un délai assez court pour la réalisation des échanges, et une prescription rapide du bon d'échange, en cas de non-emploi. Cette mesure n'est point un procédé fiscal pour grossir les droits de commission de la société ; elle résout le problème de la circulation abondante et rapide et de la consommation incessante, d'où résultent, à la fois, la fraîcheur des produits, l'entretien de l'émulation et de l'activité parmi les travailleurs, et le remède certain contre l'encombrement des magasins et les chômages désastreux.

Cette réduction du bon échange, faute d'emploi dans un certain délai, peut être assimilée à la réduction de la *lettre de voiture* pour retard dans le roulage. Elle est le lien de solidarité entre tous les producteurs et les consommateurs. Chacun y trouve pour soi la garantie de la réciprocité par l'entretien des relations actives et la multiplicité des commandes.

Le droit de commission prélevé par la société n'a rien d'absolu. Il s'élève et s'abaisse suivant le mouvement des échanges et suivant les produits eux-mêmes.

Il rentre d'ailleurs dans la catégorie générale des opérations d'échange. L'administration est elle-même son premier client, et place ses services dans le mouvement général.

Le droit de commission n'est point perçu en argent. Quant au mode de perception, l'organisation nouvelle de la poste aux lettres nous a suggéré l'idée du *bon de commission*, qui devient comme la monnaie propre de la société, et donne aux transactions une heureuse facilité.

Le titre V traite de la répartition du produit des commissions.

Les frais généraux prélevés, la seconde part est affectée au payement d'une rente accordée aux consommateurs qui n'apportent à la société que des écus.

La rente au consommateur payant en argent peut être considérée comme prime à un produit rare ou recherché. C'est en outre, pour le capitaliste, la compensation de la réciprocité de la commande qu'il ne reçoit point.

C'est encore ici un lien puissant de solidarité entre la production et la consommation qui assure le développement de toutes les deux, et augmente la richesse générale.

Il ne faut point perdre de vue que cette rente n'est point payable en argent, mais en échange.

Cette mesure ne peut manquer d'exciter les hourras des esprits superficiels. Mais il n'est pas un récalcitrant qui ne se rétracte à cet égard au simple exposé comparatif des résultats bienfaisants de la vente ferme pour le producteur mise en regard des effets désastreux de l'emprunt simple ou sur gage. Personne n'est frappé du payement de l'intérêt au prêteur sur gage pendant toute la durée du prêt, et pourtant ce prêteur emporte la chose comme l'acheteur; — il ne se charge ni de l'emmagasinage, ni de l'entretien, ni des risques; — il stipule un terme d'échéance, d'exigibilité, de vente forcée.

L'acheteur est un prêteur à perpétuité. — Répétons que comme consommateur, l'acheteur accomplit une fonction industrielle non moins importante et non moins méritoire que le producteur lui-même, théorème facile à vérifier, surtout dans les beaux-arts et l'industrie de luxe qui dépérissent à vue d'œil aussitôt que les consommateurs font défaut.

Au même ordre de faits appartient celui du fermier qui nourrit le bétail de l'éleveur et lui paye en outre une rétribution par tête.

C'est donc un coup de maître que d'encourager directement la consommation, et à la fois de supprimer, par une rente au consommateur, la raison de l'épargne et de l'abstinence.

Sous le régime de l'échange, consommer c'est capitaliser.

Quant au moyen de faire face à cette rente, il est visible que chaque versement d'argent, passible pour la société de 5 pour 100 par an, donnera lieu par an à une série multipliée d'échanges qui couvriront largement la somme de cette rente.

Les intérêts de la société et ceux de tous les échangistes, sont donc intimement liés et garantis par cette mesure.

Les quatre derniers titres sont consacrés à des règles administratives qui demandent peu de commentaires. Le principe du suffrage démocratique a été substitué au droit de désigner un successeur, qui a converti un grand nombre d'offices publics en véritables propriétés privées.

La société rétribuant libéralement ses fonctionnaires et leur assurant la retraite suivant ses ressources, et dans les conditions déterminées, la charge d'administrateur devient une véritable fonction publique.

La liquidation de l'échange n'est qu'un cas particulier de sa fonction normale, dont le début est un autre cas analogue. Le procédé de liquidation se déduit sans effort du principe même de l'échange.

Ce cas a dû être prévu et la forme en a été indiquée à l'avance.

Le titre VIII se trouve, quant à son contexte, dans les statuts des grandes compagnies financières. La seule innovation introduite est la clause d'une consultation préalable du comité du contentieux sur tous les litiges qui pourraient survenir. Cette formalité préliminaire semble devoir arrêter et résoudre la plupart de ces litiges.

Enfin, pour assurer à la société le bénéfice des améliorations que l'expérience ne manquera pas d'enseigner chaque jour, une voie légale a été ouverte aux modifications des statuts. Une majorité extraordinaire étant d'avance exigée pour cet objet, nul ne sera admis à demander l'unanimité qui est presque toujours impossible. Les absents, la minorité, ne pourront de la sorte, s'opposer aux perfectionnements que la masse des intéressés aura reconnus nécessaires.

Ces courtes explications peuvent suffire à élucider les statuts de la société d'échange, à faire connaître l'esprit qui a présidé à leur rédaction. Nos publications prochaines et successives développeront convenablement tous les points de la théorie, et mettront tout le monde à même de calculer la portée immense de l'œuvre que nous entreprenons.

Paris. — Imprimerie de LANGE-LÉVY et Cie, rue du Croissant, 16.

9 782019 306984